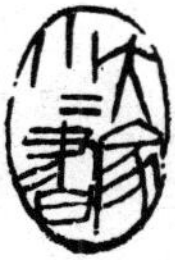

大家小小书
篆刻　程方平

中国历史小丛书

新编历史小丛书

新编历史小丛书

四川保路运动

隗瀛涛 著

北京出版集团公司
北京人民出版社

目　　录

一、保路死事纪念碑

在成都市人民公园（前少城公园）的万花丛里，矗立着一座庄严的纪念碑。这座纪念碑高达三十一米，碑身四面书有“辛亥秋保路死事纪念碑”十个大字，碑座四周塑有以轨道、志号灯、转辙器、自动联结器为内容的图案。这是四川人民为了纪念保路死难的烈士们，于1913年建立的，一向被当作珍贵的革命文物保存着。

1911年，四川全省人民为了反对

帝国主义侵略和清政府卖国的罪行，掀起了波澜壮阔的保路运动。在广大群众的推动下，运动从和平请愿发展到罢市、罢课、抗捐、抗税斗争，最后形成了大规模的推翻清王朝专制统治的武装起义。

四川保路运动沉重地打击了穷凶极恶的帝国主义，粉碎了它们掠夺川汉铁路的恶毒阴谋；摧毁了帝国主义的走狗清政府在四川省的反动统治机构；并且给武昌起义的发动创造了很重要的条件，为清王朝在全国的覆灭敲响了丧钟。

四川人民在这次运动中，奋不顾身、英勇战斗，许多先烈们为中国革命事业流尽了自己的鲜血。他们热爱祖国，热爱人民，敢于与帝国主义和反动派进行针锋相对的斗争的精神，是值得我们永远纪念和学习的。

二、四川人民自办川汉铁路的斗争

四川地广土沃，物产丰富，人口众多，号称“天府之国”，但它早就成了外国侵略强盗掠夺的对象。在第二次鸦片战争后，侵略者的魔爪就直接向四川伸入了。它们为了把四川变成殖民地，同对待中国全国各地一样，采取了一系列在政治、经济、文化各方面的侵略手段。经过中英《烟台条约》[①]的签订，在中法战争、中日甲午战争中，清政府连续屈辱求和，侵略势力不断在四川扩张。外国侵略者向四川倾销商品，掠夺原料，开办工厂，强迫开商埠和设领事，夺取海关权和长江航运权，像散布瘟疫一样地布置宗教和文化侵略网，把四川逐渐推入了半殖民地半封建的泥坑之中。1901年，《辛丑条约》签订后，帝国主义的侵略更加紧了。这一年，日本强夺了重庆王家沱作为租界。1902年，英国又强迫清政府将四川东部的门户万县开为商埠，作为侵略据点。仅就重庆来说，1900年洋货进口总值为一千二百九十一万七千零八十一两，1903年便猛增到一千八百零七万三千三百三十九两。外国设立的工厂、公司、洋行等侵略机构，在1891

年至1899年已经有了八家，而1900年至1911年增加到三十六家之多。在宗教文化侵略方面，美帝国主义派到四川的传教士，由1884年至1900年的十九人，激增至1901年至1909年的四十四人。1908年，帝国主义的代言人、四川军医学堂教习法国人得酿得勒还著了一本叫作《吞灭四川策》的书，疯狂地叫嚣要吞灭四川。

帝国主义为了加强奴役和剥削四川人民，还纷纷夺取在四川修筑铁路的权利。它们认为：四川的财富和资源是非常丰富的，只因长江上游航行困难，阻碍了它们在四川的发展，必须用铁路把四川和外面连接起来，才能在最大限度内吸吮四川人民的血汗。于是，英国确定了建筑所谓“扬子江流域铁路系统”，计划建筑一条由上海经过南京、汉口、宜昌到四川的万县、重庆而达成都的铁路。1897年，法国的印度支那总督杜美也提出：法国由劳开（今越南老街）至云南的铁路，目的地应该是经四川的省会成都到重庆。在这样一些罪恶计划下，英、法两国首先展开了夺取四川铁路权的竞争。接着，美、德也参加了这种罪恶活动。

1897年，法国得到云南、广西两省铁路建筑权后②，即阴谋将路线从云南的昭通伸展到四川的宜宾、成都。英国的滇缅铁路线③也预定由云南楚雄经四川宁远、雅安到成都，再由成都出重庆以通长江。由于1900年义和团反帝运动的打击，他们的阴谋一时未能得逞。到了《辛丑条约》签订后，外国侵略者对四川铁路权的争夺更加紧了，英、美两国都向清政府提出了借款造路的要求。

帝国主义强盗对四川铁路权的鹰瞵（lín，看的意思）虎视，激起了人民无比的愤恨。当时，四川在日本的留学生首先提出了自办川汉铁路（从湖北汉口到四川成都）的要求，发出“四川铁路入他国手之日，即四川全省土地人民永服属他国之日”的沉痛呼声，来唤起群众的注意。广大的劳动人民，从反抗侵略、保卫祖国和改善生活的愿望出发，要求自办川汉铁路。资产阶级和一批正在向资产阶级转化的地主们，为了扩张自己的经济利益也支持铁路自办的主张。于是，自办川汉铁路就成了四川民众的共同愿望。1903年，新任四川总督锡良，在人民的压力下，不得不奏请自办川汉铁路。第二年，在成都设立了川汉铁路公司。

可见，川汉铁路是人民为反对帝国主义的侵略而倡议兴筑的。人民自办川汉铁路的要求，完全是爱国的、正义的。

但是，掠夺成性的帝国主义并不甘心自己的失败，它们阴谋通过借款和派工程技术人员等手段来夺取川汉铁路。川汉铁路公司一成立，英国公使便要求清政府按照1903年的诺言，由英、美借给中国修川汉铁路所需的资金。6

月间，法国领事又向锡良要求包揽川汉铁路的用款和工程。但铁路公司说“川省办川省之事”，“无须借助于人”，严词拒绝。1905年，英帝华中铁路公司与由法国东方汇理银行为首的法国银行团联合，共同决定建筑四川的铁路，派代表濮兰德与贾斯纳来华游说官僚张之洞[④]借洋款修路，并在北京鼓动清政府，说中国全国铁路应由中央统一经营，打算借清政府的力量来夺取川汉铁路。

中国人民从来就是反对向帝国主义乞讨过日子的。川汉铁路公司采取了由中国人集股的办法，自力更生，由四川民众集资筑路。1905年1月，铁路公司议定了集股章程，明确规定：川汉铁路“不招外股，不借外债，是以专集中国人股份，非中国人股份概不准入股”。还规定股票的转售，也只能卖给中国人；如交给外国人，股票作废。1907年3月，《商办川汉铁路公司续订章程》重申“公司专集华股自办”，“不附洋股”。并且针对帝国主义强派工程师的阴谋，提出：川汉铁路聘本国人为总工程师。即使要用外国人，也必须规定权限，归公司监督；如消极怠工，公司即可辞退。这些规定与帝国主义的意图针锋相对，有着鲜明的反帝爱国的政治性质。

铁路股本来源虽有“认购之股”（自愿投资人股）、“抽租之股”（按租计谷抽收）、“官本之股”（政府库款拨作股本）、“公利之股”（公司的盈利）四项，但其中主要是“抽租之股”。抽收的办法是：不论地主还是自耕农，凡是收租谷在十石以上的，百分抽三。至于官股，则由四川当局加收厘金⑤筹集，实际上还是取之于四川人民。因此，全川人民都和川汉铁路发生了切身利害关系。出力最大，受苦最多的却是广大的劳动人民。这就是辛亥革命前夕，四川铁路风潮能够成为全民性运动的原因。

川汉铁路的股本虽然来自民间，组织机构也加上了公司名义，但是实际上还是官办，完全由锡良为首的官僚所把持。他们一面主张吸收洋股或添借洋款，一面大肆贪污中饱，盗窃拐骗，使修路的事情进行得非常迟缓而没有成绩。这就使得四川人民在反对帝国主义夺路的同时，还必须进行反对清政府卖路的斗争。

1904年11月，四川留日学生上书给锡良，主张铁路官商合办，规定股东的权利和义务。铁路公司虽因此在1905年改成官商合办的形式，但一切用人行政大权仍然操在一批官僚手中。1906年，四川留日学生又联名指摘官府把持铁路公司，要求川汉铁路全归商办。1907年，官商合办的川汉铁路公司改成了商办川汉铁路有限公司。自此，铁路公司的实权又落入了立宪派[6]士绅的手中。这些立宪派分子，大多数是资产阶级的上层分子或正在向资产阶级转化的地主。他们看到资本主义的剥削方式有利可图，所以一面投资新式工业，一面还占有大量土地，进行封建剥削。在政治上，他们要求改良，以便参加政权，但坚决反对革命，竭力保护封建制度。铁路公司在他们的主持下，贪污浪费的现象仍然很严重。到了1908年，筹集的路款将近八百万两，而被贪污浪费掉的款项就将近四百万两之多。

当时，四川的劳动人民在帝国主义、封建主义的双重压迫下，已挣扎在饥饿线上。他们抱着纯挚的爱国热忱，勉力缴纳路款。有一首《来日大难歌》写道：

自从光绪二十八年把路办，银子

凑了万万千，也有官的商的款，也有土药烟灯捐。最可怜的是庄稼汉，一两银就要出这项钱。要办铁路为的是哪一件？怕的是外国人来占路权。……

清朝官吏和立宪派人对路款这样糟蹋，不能不激起人民的不满，更增加他们对帝国主义、封建主义的愤恨。

川汉铁路从1906年开始勘测路线，决定路工首先由宜昌开始。1909年，宜昌设立工程局，动工筑路。帝国主义的“此路结果，非得外国专家与财政之资助，绝难望其成就”的谬论，在中国人民的面前被事实驳倒了。

川汉铁路的开工，显示了中国人民反帝爱国的伟大气魄和艰苦奋斗、发奋图强的英雄气概，给了帝国主义一个当头棒喝。帝国主义在川汉铁路开工后，更加疯狂起来。外国报纸大肆诋毁煽动，说什么铁路由各省自办是清政府的大错误，并说：“川路不借外款，不雇外国技师，现在居然开工，中国前途叵测⑦，环球列强均当留意。”同时加紧与清政府勾结借款，嗾（sǒu）使清政府出面夺路。

美帝国主义是掠夺川汉铁路最狡猾、最阴险的角色，早在1903年就要挟清朝承认它投资的特权。当张之洞正与英、法、德商谈借款时，美国即组织了以摩根公司为首的银行团，由国务院指定它为对华铁路投资的官方代理人，企图组织一个由美国领导的包括美、英、法、德的四国银行团，在财政金融上彻底控制中国。1909年4月，又急电美国驻华公使柔克义向清政府声明粤汉、川汉铁路借款应有美国参加，“美国银行与英、法、德三国银行，皆当利益均分”。美国总统塔夫脱并厚颜无耻地向中国提出警告。又以美国国务院远东司司长司代德为美国银行团驻北京代表，压迫清廷屈服，答应他们的无理要求。于是，美、英、法、德四国开始了分赃谈判，签订了成立四国银行团的协定。7月13日，四国政府以同样的照会通知清政府，要求早订正式契约。1911年，买办官僚盛宣怀任邮传部尚书[8]后，清朝在美国等帝国主义嗾使下，不顾全国人民的反对，于5月9日宣布了“铁路干线国有”政策；18日命端方[9]“督办粤汉、川汉铁路大臣”，强行接收广东、湖南、湖北、四川四省铁路公司。20日，和美、英、法、德帝国主义签订了《湖北、湖南两省境内粤汉铁路、湖北省境内川汉铁路借款合同》。这笔总额为六百万英镑的卖国借款，断送了两湖境内一千八百里路权，还以两湖厘金、盐税做担保；又允许四国享有陆续借款的优先权及展路权，实际是将全部粤汉、川汉铁路拍卖了。清朝的所谓“铁路国有”政策，是一种“夺路转送外人”，替帝国主义没收人民财产的卖国政策。四国银行团的借款，更加深了中国的殖民地化。当时代理四川总督的王人文也不得不承认：借款合同是将中国的国权、路权送给了四国。

注释：

①1876年英国侵入缅甸以后，与清政府签订了中英《烟台条约》，根据这个条约，英国取得了侵入云南、西藏、四川、青海、甘肃等地的权利。

②1895年清政府与法国签订《中法商约专条附章》，法国取得了在广西、云南筑铁路的权利。

③1897年，中英签订《中缅条约续约》，英同时取得修筑从缅甸到云南的铁路权。

④当时的湖广总督。

⑤一种商税。

⑥清朝政府在革命风潮的冲击

下，于1906年实行所谓“预备立宪”的骗局，借以抵制革命。以梁启超为首的一部分人拥护君主立宪，反对革命，这些人被称为立宪派。

⑦叵（pǒ）测，不可测的意思。

⑧邮传部是当时中央政府主管交通、邮电的官府，尚书是这个部的首长。

⑨端方是满洲人，历任陆军部尚书、直隶总督、南北洋通商大臣等职。

三、保路风潮漫延全省

当“铁路国有”的消息传到四川后，全川人民义愤填膺[①]，纷纷反对清政府的卖国政策。当时有一首《川人吁天歌》写道：

天呀天！我四川，万不料今年遭此大变。抢我们财产，夺我们利权。摧毁我们做亡国奴，逼我们永远受熬煎。这是哪一件，就是铁路这一端。蜀中铁路名川汉，外人久欲把利专。……我川民省衣食，出血汗，凑工本，保全川。连年集款千余万，开工在前年十月间。只望将来工程满，永远不受外人牵。哪知道，我朝中出了一个欺君贼民的大粉脸。他本是邮传部一位官员，叫作盛宣怀，……对于英、法、德、美做汉奸。……这样强横的政府，野蛮的手段，加倍的压制，分外的专权。……卖路是卖国的引线，重债是亡国的见端。今既夺我路，灭我权，一切交与外人管。……任人监督，受人熬煎，民命国命都危险。……我川民其何堪！……都与那盛宣怀不共戴天。

但是，掌握铁路公司领导权的立宪派人，却主张只提有条件、有限度的要求。立宪派头子之一的邓孝可[2]甚至在《蜀报》上写文章称赞卖国的“铁路国有”政策。他们对铁路“国有”、民有是不关心的，只是要求清政府保留公司现存的款项，发还已用了的款项而已。

然而，清政府邮传部尚书盛宣怀却在6月1日同端方联合发出电报，声言不但对公司已用的款项政府概不承认，并且要把公司现存的一千多万两由政府提用。还威胁说：如果川省要求筹还公司已用路款，朝廷“必须借外债，必以川省财产作抵”。在这个电报公布后，6月11日，铁路公司开会，群情愤怒，痛骂清政府不但夺路，而且谋财。立宪派人但求争回路款的幻想，这时完全破灭了。他们从切身的利害关系出发，不得不顺从广大人民的愤激情绪，由谘议局[3]出面发起保路斗争。6月17日，川汉铁路公司股东代表在成都开会。当讨论借款合同与国家存亡的关系时，会场上哭声震天，甚至清政府的警察也被感动得哭泣起来。会上决定成立四川保路同志会。这个会仍在立宪派人掌握下，由他们的头子蒲殿俊（谘议局议长）、罗纶（谘议局副议长）分任正、副会长，提出的奋斗目标只是“破约保路”。

有了同志会这种公开的组织，就便于把广大群众动员和组织起来。四川保路同志会成立不到半月，会员已达十万。重庆保路同志会，每次开会都有上万的群众自动参加。各州、县、乡、镇、街道和学校都纷纷成立了保路同志会分会。妇女们也组织了四川女子保路同志会。中小学生，甚至于和尚、道士，都参加了保路的行列。川西北的少数民族也纷纷响应。全川各阶层群众，不分男女老幼，不分民族和宗教信仰，都团结起来，进行反对帝国主义及其走狗的斗争。保路风潮漫延全川各地。劳动人民的斗争情绪最为激烈，川汉铁路工人也在宜昌展开斗争响应。运动很快与广大群众的爱国反清斗争联结在一起了。这个局面，不但震惊了清政府，同时也大大出乎立宪派分子意料。

立宪派人害怕群众斗争甚于清政府。他们在企图利用群众力量压迫清廷让步的同时，更注意控制保路运动的领导权，竭力想把群众运动控制在温和的和平请愿范围内，散布“要学立宪文明国人的样子监督政府”，要实行“文明争路”，甚至公开声言要防止群众暴动，要群众不怨恨朝廷，不反对帝国主义。他们争路的办法是：一面恳求代理四川总督王人文代奏朝廷；一面派刘声元为代表上北京去“哭诉”，乞求清朝收回成命。但是，清政府对他们软弱的乞求根本置之不理，下令任命著名的杀人魔王赵尔丰做四川总督，加强镇压四川的保路运动。8月间，更强迫接收川汉铁路宜万段（宜昌至万县）。消息传到驻在成都的铁路公司时，公司正在开会，会场几百人立刻哄闹起来，大呼：“政府要硬抢铁路了！要打四川了！”

于是，保路同志会与铁路公司共同召开紧急大会，参加的群众有好几万人。怒吼、号哭、责骂的声音响彻云霄。商人们提出立即罢市，教师、学生提出罢教、停课。最后一致通过全城立即进行罢市、罢课斗争的决议。会众还未散完，成都市上已有一半以上的商店关上了大门。

在群众斗争蓬勃发展起来的时候，立宪派人印制了大量光绪皇帝的牌位，发给群众。在牌位两旁，写上“庶政公诸舆论，铁路准归商办”两句从光绪的“上谕”里摘来的话，作为争路的依据。叫每家把牌位供在门口，早晚焚香跪拜。而且在街上挂满黄布，扎起“皇位台”，台上供着光绪帝的牌位。

在街口立上“文官下轿，武官下马”的牌子。立宪派用这样的办法来表示他们争路决不是背叛朝廷。这种看起来觉得非常可笑的办法，却是适合于当时人民群众的觉悟程度的，同时又堵住了统治阶级任何反对的借口，而且无论什么官员从这里经过，都得下来步行，失掉了他们平日的威风。因此这一行动却真助长了群众的斗志。

在成都罢市、罢课后，全川人民迅速投入了罢市、罢课热潮，造成了四川南到邛崃、雅安，西至绵阳，北近南充，东到荣昌、隆昌，千里内外，各州各县各场[④]、镇一律闭户的全川性罢市、罢课运动。报上天天登载着贫民暴动，捣毁经征局、自治局、巡警分署，与警察发生武装冲突，打毁外国教堂等消息。立宪派人的妥协、叛卖行为也受到群众的正义谴责。群众骂他们“讨好官场”，并在铁路公司门前示威。9月1日，四川人民宣布了不纳正粮，不纳捐税，不担任外债分厘，掀起了抗捐抗税的斗争。保路运动又向前跨进了一步。

四川是清政府榨取财赋的一个重要省份。每年要从这里搜刮两千几百万两银子。四川的抗捐抗税斗争，不能不使清朝政府手忙脚乱起来，急派端方带兵入川镇压，同时指令赵尔丰采取高压手段，妄想把轰轰烈烈的群众斗争扑灭。

9月7日，赵尔丰诱捕了保路同志会、铁路公司负责人蒲殿俊、罗纶、颜楷、邓孝可、张澜等人，封闭了同志会和铁路公司，严闭城门，密布街哨。这一天，成都人民为争路请愿早已集合了数千人。当蒲、罗等被捕的消息传出后，全城震动。群众纷纷奔赴总督衙门请愿，要求释放蒲、罗等人。沿街群众自动加入了请愿行列。几万人把自己家门口供着的光绪皇帝牌位捧在手里，或顶在头上，还拿着一炷香，表示“和平请愿”。他们不顾反动军警的阻挠，冲到了总督衙门的大堂檐下。早定杀机的赵尔丰公然命令士兵向手无寸铁的群众开枪射击，当场杀害三十二人。从城郊赶来支援的农民也有数十人被杀。被赵尔丰的马队冲踏受伤的群众更多。这就是著名的“成都血案”。

“成都血案”

“水电报”

保路运动一开始，反动统治者便封锁了有关运动的一切消息，以为这样就可以防止群众斗争的扩大。但是，“成都血案”发生的当天，同盟会会员曹笃、龙鸣剑便奔赴成都南门外的农事试验场，在农场工人的帮助下，用木板数百块，写上“赵尔丰先捕蒲、罗，后剿四川，各地同志速起自救自保”二十一个大字，上面涂上桐油，用油纸包上，制成“水电报”，乘夜投入锦江中。当时正赶上洪水上涨，木板顺流而下，赵尔丰的罪行迅速传遍了川东南各地。人民纷纷“揭竿而起”，整个四川沸腾起来，爆发了席卷全省的全民大起义。保路运动从此进入了推翻清朝统治的武装革命阶段。

注释：

①义愤填膺（yīng），怒气填满胸膛。

②川汉铁路公司有力股东之一。

③1908年清政府在各省设谘（zī）议局，由官绅和资产阶级上层分子当议员，该局有权向本省长官提出对本省政务的建议，但无权干涉地方行政。

④场是四川省县以下和镇同一级的行政单位。

四、同志军围攻省城

自从1905年同盟会成立以后，孙中山就先后派了不少四川籍的同盟会会员回到四川来从事联络哥老会[①]，准备武装起义的工作。他们在重庆、泸州等地建立了同盟会的组织。在群众的支持下，从1905年起，接连发动了彭县、江油、泸州、江安、成都、宜宾、广安、乐山、黔江等地起义，促进了革命运动的发展。在保路运动发生后，不少同盟会会员主张把这一运动引导到推翻清王朝的武装斗争。他们认为：只有用革命的手段把清朝的腐败统治推翻，才能根本解决问题。同盟会会员龙鸣剑、王天杰等人，一开始就看透了立宪派人争路的实质，采取了“明同暗斗”的策略。利用同志会这个公开的组织作为斗争工具，大力向群众宣传，揭露清政府媚外卖国、腐败反动的本质，说明非进行革命不可的道理；更注意联络各地的哥老会，通过这种群众基础比较广泛的秘密反清组织，发动群众，准备起义。他们分工负责，龙鸣剑、王天杰到荣县、威远，曹笃回富顺、自流井，方朝珍回井研，肖参、张颐赴青神、贡井一带。龙鸣剑用川西南哥老会首领同盟会会员秦载赓的名义，做了鸡毛文书[2]传达各地，号召哥老会首领到资中县罗泉井举行秘密会议。8月4日，哥老会首领秦载赓、罗子舟、胡重义、孙泽沛等在罗泉井会上决议响应革命，将同志会改为同志军。推定秦载赓、侯宝斋主持川东、川南起义工作，张达三、侯国治主持川西北斗争。新津会党首领侯宝斋曾用做生日为掩护，召集了“九成团体”（指川省九府的哥老会首领）百余人举行会议。秦载赓也应邀参加。会上通过决议：各回本地预备，等时机一到，听号令起义。先攻省城成都，如成都不能攻克，就转攻川东南富庶的地区。

“成都血案”的消息如同闪电般

传开后，新津侯宝斋、华阳秦载赓立时分别“发檄起义”③，按照罗泉井会议的计划向成都进军。第二天，侯宝斋所统率的南路同志军与革命党人向迪璋所领双流县同志军会合，和清军在成都郊区红牌楼打开了第一仗。民军用抬枪、劈山炮轰击，清军防备不及，伏在田里挨打，伤亡很重。9月9日，南路同志军挺进到成都近郊，歼灭了驻在南郊武侯祠的部分清军。

秦载赓率领的东路军，于9月8日晨开到成都城郊，在牛市口、大面铺等地和清军激战。郊区的农民纷纷赶来加入东南路军作战。一两天之间，同志军便控制了成都四郊，将反动派统治四川的中心成都围得水泄不通了。

这时，成都附近的温江、双流、新津、郫（pí）县、大邑及较远的威远、荣县、井研等十多个州县的农民队伍，有的“应召率众而来”，或者“闻警揭竿而起”。每县若干起，每起数千人或上万人，总共不下二十多万的保路同志军，从四面八方向成都汇集。当时各地无论事前有准备或临时自发起来的武装力量，都用保路名义，称“同志军”或“民军”，汇成了一支以农民为骨干的，包括工人、市民、青年学生的反清巨流。

围城的同志军都头裹白巾为号，并在沿途设立关卡、岗哨，截夺敌人各路的文件信报，破坏电线电杆，使成都和各地的消息完全断绝。为了传达义军消息，不断利用“水电报”沿江飘流，辗转传播。

坐困城内的赵尔丰，除不断向清朝呼救外，主要办法是将城外清军收缩入城，以“巡防军”及“卫队”加强城防，闭门顽抗。盘踞在成都的各国帝国主义分子，在人民的打击下，纷纷向上海等地逃窜。

清政府面对着四川的严重形势，急忙对付：一面电令调动和四川相邻的云南、贵州、湖南三省的军队入川，加强武力镇压；一面任用岑春煊为钦差大臣来“安抚川民”。岑春煊以笑面虎的姿态，从上海发出《告蜀中父老兄弟》电文，口蜜腹剑，梦想麻痹四川人民的斗志。

但这一切都不能扭转清王朝的颓势。在革命力量猛烈发展的情况下，它在四川的军队也发生了问题。9月8日，新军[④]第十七镇统制[⑤]朱庆澜召集凤凰山的新军训话时说："有认为保路同志军为正当的，站左边，否则站右边。"这些下级军官和士兵们不顾威胁，没有一个人站到右边去，竟使朱庆澜瞠目结舌，恐慌万分。

不久，其他各地的同志军也纷纷向成都增援。荣县王天杰、龙鸣剑率领五千多民军，正在连夜直奔成都的途中；葛义先所率峨边县民军也起程前来。同时，成都市内的民众也发生了骚动。城内粮食快吃完了，蔬菜来源断绝，连粪便都不能运出城外。

但是，在敌我力量对比上，尤其是武装配备方面，当然还是清军占着优势。清军普遍使用九子枪、毛瑟、五子、洋抬枪、开花炮、机关枪等威力较大的新式军械。民军除从敌人手里缴获少数枪支外，绝大多数还是使用刀、矛、棍、棒等旧式武器；有的还拿起农具、菜刀等迎敌。特别是由于同盟会的组织领导工作，远远落在革命形势发展的后面，因而同志军没有一个统一的指挥组织，大多数是单独作战，力量分散，又缺少战斗经验。因此，同志军虽然英勇顽强，并且取得多次胜利，但是终究没有攻下成都。东路军在东出庙、琉璃厂一带激战后，进入华阳。南路军回师攻克双流，又回新津。华阳同新津形成互为掎（jǐ）角之势的两个武装起义的重点，紧紧地把成都钳制起来。

注释：

①清末民间秘密组织，又称“哥弟会”，以反清复明为宗旨，参加者多为劳动人民。哥老会一部分人参加了孙中山的革命运动，发动过多次起义。

②文书封套上装上一根鸡毛，表示内文紧急，这种文书叫作“鸡毛文书”。

③发檄（xí）就是发檄文，檄文是过去起兵行军的一种宣言书，说明发兵的原因目的等。

④1905年清政府建立的新式装备的陆军，称为“新军”。其后各省也

先后建立新军，其中潜伏的革命力量很大。

⑤当时一镇相当于一个师，统制相当于师长。

五、英勇的新津保卫战

当侯宝斋率领的南路军一回到新津，附近各州县的同志军便纷纷集聚到这里。十几天里，南路军就号称十万以上。

先是邛崃县巡防营的书记官、同盟会会员周鸿勋，于9月11日策动全部清军起义，迫使州官交出库存银款做粮饷。接着便率领起义士兵和临时召集的民军，在双流县彭家场一带和清军战斗。随后也汇集到新津。他们在武器装备、作战经验方面，都比一般民军为优，成为南路军战斗力最强的骨干力量。周鸿勋领导的起义，开创了四川清军倒戈的先例，给反动军队指出了一条光明的大道。当时，清朝和赵尔丰都为“第八营巡防军”的兵变而十分惊恐。新津县召集乡民起义的李福安、朱敬斋等，在参加双流县黄水河、官家林战斗后，便到新津接受周鸿勋的指挥。崇庆县的周朴斋也率部投奔新津而来。

新津是成都西南的门户，三面环水。外来人马，要两次渡河，才能到达城下。在两渡之间，又有险峻的八宝山，是一个易守难攻的好地方。由于周鸿勋与侯宝斋的会师，新津便一时成为川西南同志军战斗队伍的中心。营垒四接，旌旗相望，大有震撼全川的声势。

侯宝斋、周鸿勋被各路同志军公推为川南全军正、副统领，制定了严明的纪律，保护人民生命财产，并把新津县官扣押起来，将旧牢狱里的犯人一律释放。为了减轻人民的负担，南路军的军饷强迫地主富绅捐输。对不愿缴械投降、认罪伏法的清军官吏以及极端仇视革命的劣绅和奸细进行严厉镇压和清算。这些措施安定了社会秩序，博得了群众的爱戴和支援。

赵尔丰认定新津同志军是“心腹大患”，命朱庆澜亲自率领陆军四营、马炮各队及巡防军，于10月1日沿双流、温江两路向新津进犯，限期三日克服。民军在花桥场、牧马山一带节节阻击，重重地打击了敌人。10月8日，清军进至金马河边，与同志军隔岸轰击，激烈的新津保卫战开始了。

川西南各州县同志军，大多了解新津保卫战的重大意义，先后派兵支援。远在数百里以外的峨边民军，由万义先统领，日夜行军，赶赴前来。在眉山县大石桥、张家坎等地粉碎了清军的阻截，10月9日晚到达新津。他们不顾长途跋涉的疲劳，当夜，万义先亲自带领善于泅水的兵士十几个人，渡河毁掉敌人的浮桥，侦察敌情。第二天，又配合新津同志军在八宝山的邓公场等地，抗击强渡的清军，与敌人进行寸土必争的战斗。不少农民战士，慷慨地献出了他们宝贵的生命。

10月11日，清军以优势兵力渡过西河，用开花大炮将新津城墙轰开了缺口。城内房屋也触火燃烧。在这样不利的情况下，同志军坚持了三昼夜的作战后，才退到城郊，继续在陈港、童子堰一带抗击敌人。直到10月15日才分别转移。侯宝斋在押送辎重、枪支去洪雅县的途中，不幸被赵尔丰收买的奸细杨虎臣、祝定邦暗害。但是，南路军的主力在周鸿勋的领导下，收复了邛崃、乐山等县。在进攻资阳县时，合编了余清所领内江县民军，继续转战川南各地；随后又和东路军会师，在自贡、荣县等地战斗，不断给清军以沉重的打击。

南路军的新津保卫战，对全川革命形势的发展有着重要的意义。他们的英勇斗争，牵制和消灭了大量清军，大大有利于四川其他各州县武装斗争的开展。

六、东路同志军

东路同志军经过七天七夜围攻成都的战斗后，分兵攻占城东龙泉驿山顶，扼守险要，截断成都与重庆方面的联系。主力部队由秦载赓统率，占领了华阳、简阳、仁寿一带地方。在仁寿籍田铺设民团总机关，与新津同志军互为犄角，遥相呼应。从荣县前来围攻成都的王天杰、龙鸣剑所统的民军，在这里和东路军会师。同盟会员陈孔白统领的井研县民军也合入秦部。威远县胡御阶及荣县范燮、范模所率部队，在参加围攻成都后，也迅速汇聚而来。他们从围攻成都战斗的经验中感到统一指挥和严明纪律的重要，于是，他们召开代表大会，推选秦载赓、王天杰为东路全军正、副统领，龙鸣剑为参谋长。整编了各路军队，把指挥统一了起来。他们为了支援新津保卫战，再次向成都进攻。在城郊中兴场、中和场、苏码头、铁庄堰、煎茶溪、秦皇寺等地方进行了大小二十多次的英勇战斗，狠狠地打击了反动军队。在秦皇寺北面的一次战斗中，取得了歼敌一千多人而民军仅伤亡几十人的巨大胜利。

在这次围攻省城的战斗里，同志军首领们，大多身先士卒，亲身与敌人拼杀。宜宾县敢死队长白义生在中兴场受伤被俘，痛骂清朝，至死不屈，被残忍的敌人分尸数段，投入锦江之中。冲锋队队长刘风率领的八十名健儿，在秦皇寺战斗中全部就义。谷章平、曹瑞庭、郭洪兴等首领都在战斗中英勇牺牲。

由于秦皇寺作战失利，东路军决定转入分散战斗。秦载赓、王天杰、龙鸣剑各领一部同志军向三路发展，并起草檄文，传送各地，继续调集民军。吴玉章[①]规划军机，积极动员人力物力支援。李难草拟“约法”，作为推行“新政”的依据。“约法”规定了在用武力推翻旧的统治后，必须立刻建立新政权。军饷不足，严禁取自平民，只准向富户借贷。这使得东路军进一步博得了群众的拥护，沿途都受到了群众的热烈欢迎和支援。威远县群众杀死县官，迎接义军。于是，义军所过，势如破竹，连下仁寿、资阳、简阳、井研、威远等十多个州县。清政府大为震恐，急令已到重庆的端方分兵进犯乐山、成都，夹击义军，又催调云南、贵州、湖南的反动军队入川增援。但这一切不但不能遏止四川人民武装斗争的继续开展，反而给湖南、湖北、云南、贵州等省造成了发动革命的条件。东路军在王天杰和吴玉章领导下，坚持战斗，逼得端方陷入义军的层层包围中。他省增援的清军也被阻在川东南边界，无法前进一步，为四川的独立创造了极重要的条件。

东路军在残酷的对敌斗争中，出现了许多英勇战绩，牺牲了不少优秀的领导人物和战士。参谋长龙鸣剑为革命积劳成疾，不幸于10月6日病逝在宜宾乡下。他曾经运用正确的策略推动革命运动的发展；当时机成熟时，他又毫不迟疑地立即发动武装斗争。为了发动起义，他冒着盛暑天气，往返于成都、荣县的途中达六七次。临死前，念念不忘革命，为王天杰策划了求贤、筹饷、练兵、造械、保民、慎行六大计。他鞠躬尽瘁，为中国资产阶级民主革命奋斗了一生。统领秦载赓，因井研县已投降的清朝官吏勾结反动士绅，发动叛乱，凭一腔热情，单骑前往平定事变。10月30日，在井研北门外被奸党邓大兴伏兵枪杀。陈孔白在富顺战斗中，被俘不屈，被敌人用煤油活活地烧死。这些为中国革命事业抛头颅、洒热血的烈士们是永垂不朽的。

注释：

①吴玉章，荣县人，当时是东京同盟会总部的负责人之一。保路运动起来以后，于1911年夏天回到四川荣县，参加领导荣县的起义斗争。

七、全川的反清斗争和四川的独立

在东、南两路同志军像两柄利剑插在反动统治者的心腹上的同时，武装起义的浪潮已席卷着整个四川。无数支起义军在各地向垂死的清朝进行了英勇的冲击。

川西平原是战斗最激烈的地方。温江、灌县、崇庆、郫县、金堂等县，几乎没有一处群众不斩木为兵、揭竿而起的。人民成千上万，前仆后继，以血肉之躯同清军展开了争城夺地的壮烈斗争。

灌县同盟会会员张捷先在得知“成都血案”消息后，即率众起义，建立西路同志军，与郫县、崇宁和汉川藏族人民的反清队伍一道，誓师出发，分五路向成都进军。以同盟会会员蒋淳风为首的西路军学生大队最为英勇，担任大队前卫。这支由成都附近各县投笔从戎的五百多个青少年组成的战斗队伍，在犀浦附近，与清军短兵相接，进行白刃战斗，冲杀数小时之久。虽然大队长蒋淳风身中数弹，壮烈牺牲，学生军伤亡过半，但清军终因伤亡惨重，不敢继续前进。西路军主力从而争得了时间，进行了充分准备，给进犯敌军以迎头痛击。当清军跟踪来到崇宁县北郊天枢桥、蒋家林一带时，民军地雷爆发，伏兵四起，敢死队四面突击，吼声震天，一举歼灭清军二百余人。

由崇庆县孙泽沛率领一千多民军，在郫县和张达三等会师后，大量破坏电报线，拆毁桥梁，阻绝成都和新津的联系，支援了新津保卫战。

川西人民在清政府统治四川的中心地区进行的顽强战斗，有力地打击了反动势力，使反动头子赵尔丰坐困孤城，束手待毙。

川西边的荥经、雅安等地同志军，早在8月间便举起了义旗，在罗子舟的领导下，战斗在大渡河边。扼守从川西边地入成都必经的险道大相岭，英勇阻击赵尔丰的援军达四十多天，粉碎了由赵尔丰的亲信傅华封率领的清军万余人的疯狂进攻，使他们不能向成都前进一步，给四川各地同志军解除了后顾之忧。

彝族人民的反清队伍数千人，以西昌为中心，汇集起来，攻杀西昌县官后，转战洪雅、夹江等县。松潘、理县、茂县、汶川的藏族人民，在汶川瓦寺土司[①]索代兴、索代赓兄弟的领导下起义反清。索代赓亲率士兵三百余人参加灌县起义。这支藏族起义军，一直和川西同志军在郫县、崇宁、灌县等地英勇杀敌。在历次战斗中，光荣牺牲的先后共二百余人。直到四川完全独立，他们才回到故里。索代兴在松、理、茂、汶等县联络哥老会，驱逐官兵，推翻了清朝在这一地区的反动统治。

此外，在川南的泸州、江安、古蔺，川东北的广安、垫江、渠县、南充、达县、宣汉、巴中、大竹，川东的长寿、涪陵、万县、奉节、酉阳都有同志军的战斗。各族人民团结一致，共同奋斗，使反清武装革命迅速发展成为全省全民的空前规模的斗争。

同志军的成分是比较复杂的。但它基本上是由自发地参加斗争的广大下层群众所组成，具有无穷革命潜力的农民是它的主力军。农民们勇敢地拿起武器参军作战，或者散在田地内从事耕作，一有机会，就出其不意地突然袭击清军。当双方交锋的时候，漫山遍野都在呐喊，声势惊人，随时随地都为清军安排下了覆灭的命运。农村中的老人、妇女和儿童自动来给同志军担茶送饭，支援义军作战。不少过去参加过反对外国教会侵略斗争的劳动群众，也涌进了同志军战斗的行列。余栋臣[②]部将张桂山聚集群众，支援围攻成都，转战川东南一带，攻占富顺，称富顺都督。四川义和团的农民们，自1901年一直坚持着反帝反封建的斗争，这时又成了同志军的一支重要力量。有的义和团员刚从监狱出来，立即又投入新的战斗。川汉铁路工人，自贡、犍乐盐场的盐工，资中、内江的糖工，也参加了起义。

四川同志军的起义击溃了清王朝在四川的军事力量，造成了四川独立的有利形势。当王天杰、龙鸣剑率领民军离开荣县进攻成都时，吴玉章回到了四川。他在荣县担负起后方的全部责任。他发动群众按租捐款，给同志军解决了军饷问题；更加紧训练各乡民团，还开办了一个军事训练班，准备不断扩大队伍。当龙鸣剑病重离开部队以后，王天杰便率领部队回到荣县。荣县的县官和一些土豪劣绅闻风而逃。吴玉章即领导群众宣布独立，在一致欢呼声中建立了四川第一个革命的县政权。荣县独立于9月25日，比武昌起义还要早半月，是四川各县独立的先导。从此，荣县就成了东南路同志军反清武装斗争的中心。

当四川革命正在轰轰烈烈地扩大发展的时候，清朝命端方自9月初率领大队鄂军杀往四川。端方的入川，不但激起了四川人民的仇恨，使四川人民的斗争火焰燃烧得更加激烈，而且由于鄂军西调，武汉的反动统治力量却减弱了。10月10日，革命党人趁机爆发了武昌起义。可见四川的保路斗争，对辛亥革命起了直接的推动作用。武昌起义成功的消息又给了四川的革命运动很大的鼓舞。同志军的斗争使端方和他的军队一到资州就不敢前进了。在端方的军队中，本来有很多革命党人，他们同四川的革命党人密商，决定到资州一带联络士兵，发动起义，捕杀端方。11月25日，端方的队伍果然在资州起义了。起义士兵活捉了端方和他的弟弟端锦。平日骄横不可一世的端方，这时竟在起义的士兵面前哀求免死，胡说什么他祖先原是汉人，入满旗才四世……想以此骗取一条生路。但是，对于这个作恶多端的无耻家伙，起义的士兵们毫无怜惜地把他杀了。端方部队的起义，使坐困成都的赵尔丰更加孤立无援了。

重庆是四川同盟会会员活动的中心，各地同志军起义后，张培爵等人就积极准备独立。11月5日，清军排长、同盟会会员夏之时聚集士兵二百三十余人，在简阳龙泉驿起义，杀死了清朝东路卫戍司令魏楚藩。当夜整装东行，直奔重庆。沿途都有起义士兵携带武器投来，队伍逐渐发展到七八百人。22日，进入重庆城内。清廷的官吏见大势已去，逃的逃，降的降。知府钮传善在人

成立“蜀军政府”

民的威力下，跪地剪去发辫，缴出印章。当天，重庆各界群众举行大会，成立了“蜀军政府”。清王朝在重庆的封建专制统治在人民的革命斗争中被推翻了。川东南五十七个州、县，继重庆独立后纷纷独立，并先后宣布了接受“蜀军政府”的领导。

“蜀军政府”是直接由同盟会会员组成的。它在成立之初，发表了对内宣言，宣布“驱逐鞑虏，恢复中华，建立民国，平均地权”的同盟会纲领，提出了召开国民大会的主张，执行了一些减厘免税的财政措施，并组织军队上成都讨伐赵尔丰。这些措施反映了当时人民的要求，是有进步意义的。当年四川的同盟会会员为了举行反对清朝的起义，也做了发动和组织群众的工作，推动了保路运动，领导了武装斗争。他们之中的许多优秀人物为中国旧民主主义革命事业流尽了自己的鲜血，这是值得永远纪念的。

反动头子赵尔丰看到人民革命武装不断发展，荣县等几十州、县先后独立，端方被杀，援军绝望。加上他调来救命的边军傅华封部，被同志军罗子舟等部阻止于雅安以西，深感覆亡已在眼前。为了保存他的反动实力，便与立宪派人相勾结，企图把政权在形式上交给立宪派人，以图再起。立宪派人在人民革命即将胜利的关头，彻底暴露了自己的反动面貌。蒲殿俊等人，由革命力量救出来以后，发表了《哀告全川叔伯兄弟书》，说什么保路同志会的目的已经达到了，要同志军放下武器，停止战斗。并且阴谋篡夺革命果实，和赵尔丰订立密约三十条，承认赵尔丰的军事政治权力。11月27日，在成都成立了所谓“四川大汉军政府”，由蒲殿俊任都督，赵尔丰的心腹朱庆澜任副都督，宣布了四川“独立”。但不久，赵尔丰便阴谋复辟，策动了12月8日的成都兵变。叛兵到处抢劫烧杀，成都城内火光冲天，市民沿街哭叫，公私财产损失无数。蒲殿俊等人仓皇跳城墙化装逃跑。陆军学堂总办尹昌衡趁机做了都督。由于各地同志军纷纷提出了讨伐赵尔丰的口号，向成都进军，迫使尹昌衡将赵尔丰斩首示众。

“蜀军政府”不但没有利用当时有利的形势，团结各路同志军，推翻“四川大汉军政府”，完成四川的革命统一。相反，赵尔丰被杀，他们便认为“鞑虏已除”，“中华已复”，“民国已建”而停止了军事行动，撤回了上成都讨伐赵尔丰的军队，听任立宪派人软硬兼施地摧残各路同志军，使轰轰烈烈的起义运动瓦解，使自己脱离了群众。当尹昌衡提出了“统一”口号，并用武力威胁时，“蜀军政府”中的动摇分子立刻谋求妥协，说什么“脚杆硬不过大腿”。1912年4月27日，成、渝两军政府实行了合并，成立“四川都督府”于成都。尹昌衡、张培爵分任正、副都督。革命势力投降了反动势力，反动政府合并了革命政府，人民艰苦奋斗的果实，被立宪派人窃夺去了。如全国情形一样，辛亥革命在四川遭到了失败。英勇奋斗的劳动人民因为没有正确的、可信赖的领导者，并没有从这次革命中得到任何好处。不久，四川便又落在帝国主义的新走狗、窃国大盗袁世凯的反动统治之下了。

四川保路运动的历史判定：在帝国主义时代，在半殖民地半封建的中国，反帝反封建的资产阶级民主革命任务，不是经过资产阶级的领导，而必须经过无产阶级的领导，才能够完成。这是辛亥革命，也是四川保路运动给我们留下的一条最重要的历史教训。

注释：

①元明以来政府在少数民族地区设宣抚等司，其长官由少数民族（当时称“土人”）的贵族世袭，所以称为“土司”。

②余栋臣，1898年四川大足县人民起义的领导人。

出版说明

“新编历史小丛书”承自上世纪60年代吴晗策划的“中国历史小丛书”，其中不少名家名作是已经垂之经典的作品，一些措辞亦有写作伊初的时代特征。为了保持其原有版本风貌，再版过程中不做现代汉语的规范化统一。读者阅读时亦可从中体会到语言变化的规律。

新编历史小丛书编委会

图书在版编目（CIP）数据

四川保路运动 / 隗瀛涛著. — 北京：北京人民出版社，2019.5
（新编历史小丛书）
ISBN 978-7-5300-0372-5

Ⅰ. ①四… Ⅱ. ①隗… Ⅲ. ①保路运动—史料 Ⅳ. ①K257.260.6

中国版本图书馆 CIP 数据核字（2019）第 049966 号

责任编辑 司徒剑萍 魏晋茹
责任印制 陈冬梅

新编历史小丛书

四川保路运动
SICHUAN BAOLU YUNDONG
隗瀛涛 著

出　　版 北京出版集团公司
　　　　　北京人民出版社
地　　址 北京北三环中路 6 号
邮　　编 100120
网　　址 www.bph.com.cn
总 发 行 北京出版集团公司
印　　刷 大厂回族自治县益利印刷有限公司
经　　销 新华书店
开　　本 880 毫米 ×1230 毫米 1/32
印　　张 2.625
字　　数 23 千字
版　　次 2019 年 5 月第 1 版
印　　次 2019 年 5 月第 1 次印刷
书　　号 ISBN 978-7-5300-0372-5
定　　价 18.00 元